DOMINA TU PENSAMIENTO

LIBRO DE EJERCICIOS

THIBAUT MEURISSE

Traducido por
PAULA IZQUIERDO ALTAREJOS

Editado por
JUAN MANUEL GIMENEZ SIRIMARCO

Cómo utilizar este libro de ejercicios

Este libro de ejercicios está pensado para usarse junto con el libro "Domina Tu Pensamiento: Una guía práctica para conectar con la realidad y lograr resultados tangibles en el mundo real"

Si aún no tienes el libro "Domina Tu Pensamiento", puedes obtenerlo en la siguiente URL:

http://mybook.to/domina_tu_pensamiento

Te animo a completar todas las actividades de este libro de ejercicios. Cuanto más te esfuerces en ellos, mejores resultados obtendrás y mejor te sentirás contigo mismo.

Empecemos. ¿Estás preparado?

PARTE I

DEJAR IR EL RAZONAMIENTO INCORRECTO

1. El coste del pensamiento incorrecto

A. El pensamiento inadecuado genera sufrimiento innecesario en tu vida

Escribe dos o tres ejemplos de suposiciones incorrectas que puedes estar realizando en este momento o que hayas hecho en el pasado.

1.＿＿＿＿＿＿＿＿＿＿＿＿＿＿＿＿＿＿＿＿＿＿＿＿＿＿＿＿＿＿＿＿＿

2.＿＿＿＿＿＿＿＿＿＿＿＿＿＿＿＿＿＿＿＿＿＿＿＿＿＿＿＿＿＿＿＿＿

3.＿＿＿＿＿＿＿＿＿＿＿＿＿＿＿＿＿＿＿＿＿＿＿＿＿＿＿＿＿＿＿＿＿

B. El pensamiento inadecuado te lleva a malgastar el tiempo

Fíjate en todo lo que has hecho esta semana. ¿Todas estas tareas eran absolutamente esenciales? ¿Alguna de ellas era innecesaria?

Escribe tus respuestas a continuación:

＿＿＿＿＿＿＿＿＿＿＿＿＿＿＿＿＿＿＿＿＿＿＿＿＿＿＿＿＿＿＿＿＿＿

＿＿＿＿＿＿＿＿＿＿＿＿＿＿＿＿＿＿＿＿＿＿＿＿＿＿＿＿＿＿＿＿＿＿

＿＿＿＿＿＿＿＿＿＿＿＿＿＿＿＿＿＿＿＿＿＿＿＿＿＿＿＿＿＿＿＿＿＿

＿＿＿＿＿＿＿＿＿＿＿＿＿＿＿＿＿＿＿＿＿＿＿＿＿＿＿＿＿＿＿＿＿＿

C. El pensamiento inadecuado te lleva a sentirte mal contigo mismo

Escribe tres situaciones en las que tenías expectativas poco realistas y te sentiste desanimado o frustrado cuando no lograste tus objetivos.

Situación n.º 1:

____

____

____

Situación n.º 2:

____

____

____

Situación n.º 3:

____

____

____

A continuación, contesta las siguientes preguntas:

¿Sobre qué objetivo actual puede que tengas expectativas poco realistas?

____

¿Cómo podrías ajustar tus expectativas para que fueran más realistas?

____

____

____

D. El pensamiento inadecuado te lleva a sentirte sobrepasado

Rellena la siguiente tabla:

- En la primera columna, anota toda la información que has consumido en los últimos siete días (por ejemplo, libros, artículos o correos electrónicos que has leído, sitios web que has visitado, vídeos que has visto, etc.).
- En la segunda columna, escribe "U" para indicar la información útil o "R" si se trata de ruido.
- En la tercera columna, escribe las acciones concretas que tomarás respecto a la información que has identificado como ruido.

Información consumida en los últimos 7 días	Información útil (U) o ruido (R)	Acciones que tomaré

2. Por qué tu pensamiento actual es incorrecto

A. Las suposiciones incorrectas distorsionan tu pensamiento

Escribe tres suposiciones negativas que puedas estar haciendo actualmente en tu vida.

Suposición n.º 1:

____

Suposición n.º 2:

____

Suposición n.º 3:

____

Escribe una suposición limitante que puedas haber adquirido de cada una de estas fuentes:

Tus padres/familia:

____

Tus profesores:

____

Los medios de comunicación:

____

Tus amigos y compañeros de trabajo:

____

Tus propias experiencias:

____

Tu interpretación:

____

B. Cinco sesgos comunes que distorsionan tu pensamiento

Escribe qué papel juega cada sesgo en tu vida. Intenta dar al menos un ejemplo concreto para cada uno de estos sesgos:

El sesgo egoísta:

____

____

____

La falacia de las inversiones perdidas:

____

____

____

La falacia de la planificación:

____

____

____

El sesgo de la supervivencia:

____

____

____

El efecto Dunning-Kruger:

____

____

____

C. Cómo afecta tu ego a tu pensamiento

Escribe un ejemplo concreto de tu vida personal para cada una de las siguientes actividades:

Vivir en un estado de negación:

____

____

____

Qué podría hacer al respecto:

____

____

____

Rechazar pedir ayuda:

____

____

____

Qué podría hacer al respecto:

____

____

____

Evitar los fracasos:

____

____

____

Qué podría hacer al respecto:

____

____

____

Culpar a los demás o a las circunstancias externas:

____

____

____

Qué podría hacer al respecto:

____

____

____

D. Cómo tus emociones distorsionan tu pensamiento

Completa el siguiente ejercicio:

- Recuerda un momento en el que todo te parecía desalentador y oscuro, en el que no creías que podrías ser feliz de nuevo. Sé consciente de que tus emociones negativas acabaron desapareciendo con el tiempo.
- Piensa en tres desafíos actuales en tu vida uno por uno. ¿Cómo te hace sentir cada uno de ellos? Ahora, visualiza tres cosas por las que te sientes agradecido o entusiasmado. ¿Te sientes mejor?
- Piensa en una mala decisión que hayas tomado como consecuencia de emociones negativas (enfado, desesperanza, frustración, etc.) o positivas (alegría, euforia, entusiasmo, etc.).
- Durante un minuto completo, dedícate unas palabras de ánimo. Recuérdate que lo estás haciendo bien, que tienes buenas intenciones y que estás orgulloso de lo que has logrado. ¿Cómo te hace sentir esto?

Tres patrones de pensamiento negativos comunes que debes evitar

Patrón de pensamiento n.º 1—Generalización

Cuando te des cuenta de que estás generalizando, reformula la frase para que refleje de forma más precisa la realidad. Aquí te muestro algunos ejemplos:

Siempre llego tarde

—> Puede que llegue tarde más veces de las que me gustaría, pero también soy puntual en otras muchas ocasiones.

Siempre soy el único del que se ríen

—> Puede que la gente se ría de mí alguna vez, pero no soy el único y no ocurre todo el tiempo.

Nunca hago las cosas bien

—> De vez en cuando me equivoco, pero también hago las cosas bien muchas veces.

Patrón de pensamiento n.º 2—Pensamiento de todo o nada

Revisa cada área de tu vida y fíjate en cómo podrías estar sucumbiendo en el pensamiento de todo o nada en cada una de ellas. Intenta pensar en ejemplos concretos:

____

____

____

Profesión:

____

____

____

Situación económica:

____

____

____

Salud:

____

____

____

Crecimiento personal:

____

____

____

Relaciones personales:

____

____

____

Espiritualidad:

____

____

____

Patrón de pensamiento n.º 3—Dramatización

Piensa en una ocasión en la que te preocupaste por algo que nunca llegó a ocurrir. Anótalo a continuación:

Una cosa por la que me preocupé, pero nunca sucedió:

____

____

____

PARTE II

ALINEARTE CON LA REALIDAD

1. Aceptar la realidad tal y como es

Debería vs. Podría

Completa los siguientes ejercicios:

Escribe al menos tres afirmaciones con "debería" que utilices a menudo.

Afirmación con "debería" n.º 1:

Afirmación con "debería" n.º 2:

Afirmación con "debería" n.º 3:

Sustituye el "debería" por "podría" en cada una de las afirmaciones:

Afirmación con "podría" n.º 1:

Afirmación con "podría" n.º 2:

Afirmación con "podría" n.º 3:

Fíjate en cómo te hace sentir esto y en cómo cambia tu proceso de pensamiento.

2. Sacar a la luz tus suposiciones

A. Identificar tus suposiciones

Selecciona un objetivo importante para ti y haz una lista de todas las suposiciones que puedes estar haciendo sobre él. Ten en cuenta que seguiremos utilizando este objetivo en los próximos ejercicios.

Tu objetivo:

____

Tus suposiciones:

-

-

-

-

-

-

-

-

-

-

-

-

Para ayudarte a identificar tus suposiciones, revisa estas preguntas:

- ¿Cuáles son tus suposiciones sobre las mejores maneras de lograr este objetivo?
- ¿Qué estrategias asumes que funcionarán y por qué?
- ¿Piensas que será fácil o difícil de conseguir? ¿Por qué?
- ¿Cuánto crees que te costará alcanzar este objetivo y por qué?

B. Evaluar tus suposiciones

- Repasa la lista de suposiciones que has escrito en tu guía de acción.
- Junto a cada una de ellas, escribe lo correcta que crees que es en una escala del 1 al 10 (siendo 1 completamente incorrecta y 10, cien por ciento correcta).

3. Perfeccionar tu modelo de realidad

A. Revisar tus suposiciones

¿Qué sabes a ciencia cierta acerca de tu objetivo? Anota las suposiciones que crees que son correctas respecto a tu objetivo.

____

____

____

____

¿Cómo puedes estar tan seguro de ello? Escribe las razones por las que crees que estás en lo cierto.

B. Agudizar tu pensamiento planteándote preguntas

Dedica un tiempo a contestar las siguientes preguntas para agudizar tu pensamiento:

1) ¿Creo que lograré mi objetivo?

---

2) ¿He alcanzado objetivos similares anteriormente?

---

3) ¿Qué me hace pensar que lograré este objetivo? ¿Qué evidencias concretas o resultados tangibles respaldan este pensamiento?

____

____

____

4) ¿La gente de mi entorno cree que lograré mi objetivo?

____

____

____

5) ¿Dispongo de la energía y/o el tiempo necesarios para lograr este objetivo en este plazo de tiempo?

____

____

____

6) ¿Cuántas personas han logrado este objetivo anteriormente? ¿Cuántas están intentando conseguirlo ahora?

____

____

____

7) ¿Quién ha logrado este objetivo antes?

____

____

____

8) ¿Por qué es importante este objetivo para mí?

____

____

____

9) Si sigo haciendo lo que estoy haciendo día a día, ¿lograré mis objetivos? Si no es así, ¿qué debo cambiar exactamente?

---

10) ¿Cuáles son las mejores estrategias/aproximaciones a seguir?

---

11) ¿Qué me recomienda hacer mi intuición?

C. Entrevistar a personas con experiencia

Completa al menos uno de los siguientes ejercicios (y preferiblemente, ambos):

- Pregunta las cuestiones anteriores a una persona o varias personas relevantes y escribe las respuestas en tu guía de acción.
- Mira entrevistas y/o lee biografías e intenta responder las preguntas anteriores basándote en la información que has reunido.

1) ¿Cómo funciona?

____

____

____

2) ¿Cuáles son tus suposiciones más importantes? ¿Y cómo sabes que son correctas o efectivas?

____

____

____

3) ¿Qué cosas puede que desconozca y necesito saber?

4) ¿Qué harías si estuvieras en mi lugar?

5) ¿Cómo has llegado hasta donde estás ahora?

6) *Si tuvieras que empezar de nuevo desde el principio, ¿qué cambiarías para generar éxito con más rapidez?*

7) *Si tuvieras que elegir una sola actividad en la que centrarte, ¿cuál te ofrecería los mejores resultados?*

____

____

____

D. Realizar tu propia investigación

1) Cómo encontrar información de alta calidad

¿Cuál es la información de mayor calidad disponible y dónde puedes encontrarla? Escribe tu respuesta:

____

____

____

2) Cómo encontrar la información apropiada para *ti*

a. Asegúrate de que tienes un objetivo claramente definido

Contesta las siguientes preguntas:

¿Cuál es mi objetivo exactamente? ¿Qué espero crear mediante esta información?

Si pudiera obtener la información ideal que me garantizara lograr mi objetivo, ¿cómo sería esta información? ¿Cómo estaría estructurada?

b. Comprende cómo se aplica la información a tu caso en concreto

¿La estrategia, programa o consejo se aplica en mi caso concreto?

____

____

____

¿Deseo poner en práctica esta información? Si no es así, ¿por qué no? ¿Qué cambios necesito hacer?

____

____

____

c. Cerciórate de que la información está actualizada

Para asegurarte de que la información está actualizada, puedes plantearte algunas de las siguientes preguntas utilizando tu guía de acción:

¿Esta información sigue siendo relevante hoy?

____

¿Cómo puedo asegurarme de que realmente sigue siendo importante?

____

____

____

Si desconozco la respuesta a estas preguntas, ¿conozco a alguien que pudiera responderlas?

____

____

____

E. Tener curiosidad

Mantén tu curiosidad realizando las siguientes actividades:

- Mantente actualizado revisando nuevas publicaciones de forma regular.
- Identifica a los expertos en tu área y sigue sus acciones.
- Cuestiona tus suposiciones periódicamente y revisa tu estrategia cuando sea necesario.
- Piensa en cómo puedes aplicar ideas o estrategias de áreas que no están relacionadas con tu objetivo.
- Fíjate en las tendencias y practica a predecir que podría pasar en los próximos años.

F. Escuchar tus emociones

Contesta las siguientes preguntas:

¿Qué tan motivado te sientes por tu objetivo?

____

____

____

¿Qué podrías hacer para mejorar tu motivación? ¿Podrías replantear tu objetivo, encontrar otras razones que te motiven más o cambiarlo por completo?

____

____

____

4. Evitar errores de concepto y falsas ilusiones

En una escala del 1 al 10 (siendo 1 irrelevante y 10, muy importante), evalúa cómo se aplica cada uno de estos cuatro errores a tu situación concreta.

Error n.º 1—Me merezco tener éxito

0 ____ 10

Error n.º 2—Estoy haciendo un buen trabajo, por lo que debería tener éxito

0 ____ 10

Error n.º 3—Estoy tan solo a un paso de...

0 ____ 10

Error n.º 4—Ya soy lo suficientemente bueno y no necesito mejorar

0 ____ 10

5. Cómo diseñar un proceso efectivo

Escribe todas las cosas que podrías hacer para lograr tu objetivo. No te censures ni te pongas límites. Simplemente incluye todo lo que se te ocurra. Intenta escribir al menos entre diez y veinte acciones.

Cosas que podrías hacer para lograr tu objetivo:

-

-

-

-

-

-

-

-

-

-

-

-

-

-

-

-

-

-

-

A. Reducir tus opciones

Completa los siguientes ejercicios:

- Revisa las ideas que apuntaste en el ejercicio anterior.
- Piensa en al menos tres posibles estrategias combinando algunas de tus ideas de una manera coherente.
- Para cada estrategia, dedica un momento a pensar en todas las cosas que te sugiere que *no* deberías hacer.

Estrategia n.º 1:

____

____

____

Estrategia n.º 2:

Estrategia n.º 3:

B. Implementar un proceso efectivo

Completa el siguiente ejercicio:

Repasa las estrategias que ya habías identificado previamente y selecciona aquella que crees que es mejor.

Escribe el proceso que piensas que debes implementar para que esta estrategia funcione (es decir, qué debes hacer cada día o regularmente para maximizar tus probabilidades de éxito).

____

____

____

____

____

____

____

____

C. Cultivar el pensamiento a largo plazo

Completa la siguiente oración con todas aquellas posibles respuestas que se te ocurran:

Si se me diera mejor pensar en el largo plazo, haría...:

-

-

-

-

-

-

Cómo pasar del pensamiento a corto plazo al pensamiento a largo plazo

a. Crear una visión a largo plazo

Piensa en uno de tus objetivos principales. A continuación, responde las siguientes preguntas:

¿Cuál es tu visión última tras tu objetivo?

____

____

____

¿Cómo puedes concretar este objetivo aún más?

____

____

____

¿Por qué este objetivo es tan importante para ti?

____

____

____

¿Qué beneficios económicos, físicos, mentales y/o emocionales obtendrás cuando lo alcances?

____

____

____

b. Pensar en tus objetivos a largo plazo con frecuencia

- Escribe tu visión en una pizarra y colócala en algún sitio en la que la veas con frecuencia,
- Escribe tu objetivo a largo plazo en un papel y sitúalo en tu escritorio o en otro lugar en el que lo veas a diario y/o
- Lee tu objetivo a largo plazo cada día/semana.

c. Dedicar tiempo a centrarte en la visión global

Reserva un tiempo cada semana para centrarte en tu visión global. Para ayudarte, puedes revisar esta lista de preguntas:

- ¿De qué cosas estoy satisfecho?

- ¿Qué me gustaría o necesito mejorar?
- ¿Qué puedo cambiar para acelerar mi progreso?
- Si empezara de nuevo esta semana, ¿qué haría de forma diferente?
- Si sigo haciendo lo que he hecho esta semana, ¿conseguiré mi objetivo a largo plazo? Si no es así, ¿qué cambios debo hacer?
- ¿Mi estrategia actual es la mejor posible? Si no es así, ¿cómo puedo perfeccionarla para que sea aún mejor?
- ¿Qué tareas me generan la mayoría de mis resultados? ¿Puedo centrarme más en estas cosas?
- ¿Qué acciones han demostrado no ser efectivas hasta el momento? ¿Puedo eliminar algunas de ellas?
- Si solo tuviera que trabajar en una cosa durante esta semana, este mes o este año, ¿cuál me haría progresar más en términos generales?

d. Aprender a disfrutar del proceso

Completa la siguiente oración.

Para mí, centrarme más en el proceso significaría...:

____

____

____

e. Librarte del miedo a perderte algo

Completa los siguientes ejercicios:

Escribe el área o áreas de tu vida en la(s) que experimentas miedo a perderte algo.

Selecciona un área u objetivo en particular y anota todas las oportunidades que realmente existen. ¿Cuáles son tus opciones? ¿Qué podrías hacer sobre ello?

Tu área/objetivo:

Opciones/cosas que podrías hacer:

Dedica un tiempo a apreciar todas las oportunidades que están disponibles para ti.

f. Recordarte ser paciente

Recuérdate regularmente que tienes tiempo. Para ello, puedes:

Crear tus propios mantras tales como "la vida es un maratón, no un sprint" o simplemente "tengo tiempo" o "sé paciente". A continuación, piensa en ellos con frecuencia, escríbelos y/o colócalos en tu escritorio o en tu pared.

Ver algunos de los vídeos de Gary Vee sobre la importancia de ser paciente: Busca en YouTube:

- Gary Vee *"Overnight Success"* (*Éxito de la noche a la mañana*)
- Gary Vee *"People have forgotten the art of patience"* (*La gente ha olvidado el arte de la paciencia*)

Visualiza todo lo que ya has realizado en los últimos meses/años y recuerda cuánto tiempo tienes disponible.

Método en 7 pasos para abordar cualquier nueva tarea

Para asegurarte de que eres lo más productivo posible, te animo a seguir el proceso en 7 pasos descrito a continuación antes de empezar cualquier tarea relevante.

Paso 1. Dar prioridad a tu tarea

Antes de empezar a trabajar en una tarea, pregúntate lo siguiente:

- Si solo pudiera hacer una cosa hoy, ¿qué tarea tendría más impacto?
- ¿Esta tarea me acerca a mi objetivo principal?
- ¿Realmente necesito hacer esta tarea ahora mismo o debería hacerla más adelante?

Debes procurar entrenarte para pensar en términos de prioridades y teniendo en mente tu visión global.

. . .

Paso 2. Evaluar la validez de tu tarea

Para asegurarte de que es realmente necesario que realices una tarea, plantéate las siguientes preguntas:

- *¿Realmente* necesito hacer esta tarea?
- ¿Es el mejor momento para llevarla a cabo? ¿Qué pasaría si la retrasara una semana? ¿O un mes? ¿O para siempre?
- ¿Trabajo en esta tarea porque es necesaria o porque me hace sentir bien? En pocas palabras, ¿estoy dedicándome a esta tarea para escapar de lo que *realmente* debería estar haciendo?

No existe nada menos productivo que hacer algo que no necesitas. Contestar estas preguntas puede ayudarte a no cometer este error.

Paso 3. Tener claro qué hay que hacer

Antes de empezar a trabajar en una tarea, debes saber exactamente qué es lo que buscas con ella. Por ello, antes de empezar, pregúntate lo siguiente:

- ¿Qué es lo que necesito completar?
- ¿Qué estoy intentando lograr con esta tarea?
- ¿Cómo es el producto final?

Procura ser específico. Si sabes cómo debe ser el resultado, serás capaz de optimizar tu forma de abordar la tarea y de enfrentarte a ella con eficacia.

Paso 4. Determinar si eres la persona que debería estar haciendo esta tarea

Tienes fortalezas, pero también debilidades. Siempre que sea posible, intenta delegar cualquier tarea que otra persona pueda realizar mejor, más rápido o de forma más barata que tú.

Pregúntate lo siguiente:

- ¿Realmente vale la pena que dedique mi tiempo a esta tarea?
- ¿Otra persona podría hacer esto mejor que yo? Si es así, ¿puedo pedirle ayuda?
- ¿Qué pasaría si simplemente no completo esta tarea o si la pospongo?
- ¿Me gusta trabajar en esta tarea? ¿Me motiva?

Poco a poco, irás adoptando el hábito de delegar todo aquello que no es tu especialidad y de centrarte solo en las tareas de alto valor en las que destacas.

Paso 5. Descubrir la manera más efectiva de abordar esa tarea

El simple hecho de dedicar unos minutos a pensar en la mejor manera de abordar la tarea puede ahorrarte mucho tiempo. Plantéate las siguientes cuestiones:

- ¿Qué herramienta(s) puedo usar, a qué personas puedo preguntar o en qué método puedo confiar para completar esa tarea de la manera más eficaz y efectiva posible?
- ¿Qué habilidad(es) podría aprender o mejorar para ayudarme a completar esta tarea con rapidez en el futuro?

Paso 6. Agrupar tareas similares

Algunas tareas pueden combinarse con otras que requieren el mismo tipo de esfuerzo o de preparación. Por ejemplo, muchos *youtubers* dedican un día completo a la semana para grabar sus vídeos de YouTube, en vez de crear un vídeo cada día.

Pregúntate:

- ¿Puedo agrupar esta tarea con otras similares para mejorar mi productividad?

Paso 7. Automatizar/Sistematizar tu tarea

Por último, debes buscar la manera de automatizar o de sistematizar tu tarea, especialmente si esta es repetitiva. Pregúntate:

- ¿Puedo crear plantillas que pueda reutilizar cada vez que trabaje en esta tarea o en otras similares? Por ejemplo, podrías diseñar plantillas para determinados correos electrónicos, presentaciones o documentos que necesites de forma repetida.
- ¿Puedo crear una lista de verificación? Estas listas te indican los pasos concretos que debes seguir, reduciendo la probabilidad de que te distraigas.

Siguiendo estos siete pasos puedes mejorar tu productividad de forma significativa. Aunque te lleve tiempo internalizar este proceso, una vez que lo hagas, se convertirá en algo automático para ti.

PARTE III

EMPODERAR TU MODELO DE REALIDAD

i. Diseñar un entorno positivo

A. Cambiar tu grupo de amigos

Contesta las siguientes preguntas:

¿Con quién me gustaría pasar más tiempo?

____

____

____

¿Con quién me gustaría pasar menos tiempo?

____

____

____

¿Qué personas ya han logrado los objetivos que yo intento conseguir?

____

____

____

¿Dónde puedo encontrar a estas personas positivas y que me pueden apoyar?

____

____

____

1) Cómo protegerte de las personas negativas

Haz una lista de todas las personas que tienen un impacto negativo en tu vida:

-

-

-

-

-

-

Contesta la siguiente pregunta: ¿Qué tan probable es que logres tu objetivo si sigues saliendo con las mismas personas?

____

____

____

2) Rodéate de personas que te apoyen

a. Únete a grupos de gente con una mentalidad afín

¿A qué grupo(s) podrías unirte? ¿Con quién podrías contactar?

____

____

____

b. Organiza tu propio evento

¿Qué tipo de personas te gustaría atraer a tu vida y qué evento podrías organizar para lograrlo?

____

____

____

c. Busca un mentor / d. Contrata un _coach_

Si es necesario, empieza a buscar posibles mentores o un _coach_.

¿Qué podrías hacer para pasar más tiempo con las personas que apoyan tu objetivo?

B. Cambiar tu entorno físico

¿Qué podrías hacer para crear un entorno más positivo que te motivara a trabajar en tu objetivo?

____

____

____

¿Qué podrías hacer para optimizar tu entorno actual y hacer que fuera más fácil trabajar en tu objetivo?

____

____

____

C. Optimizar tu entorno digital

Optimiza tu entorno digital:

- Desactivando las notificaciones del teléfono móvil.
- Revisando tus correos el menor número de veces posible (si puedes, limita tu acceso al correo a una o dos veces al día).
- Apagando la conexión a Internet o evitando las redes sociales u otras páginas web que puedan distraerte (puedes instalar programas para eliminar las distracciones cuando sea necesario).
- Dándote de baja de boletines informativos.

2. Desarrollar una confianza inquebrantable

A. Entender qué son las creencias

Recuerda el proceso por el que se generan las creencias:

1. Imposible —> 2. Posible —> 3. Probable —> 4. Inevitable

B. Adoptar creencias positivas clave

Imprime la página con las cinco creencias de tu guía de acción y léelas con frecuencia. Piensa en ellas a menudo. Si identificas otras creencias positivas que te gustaría adoptar, añádelas al repertorio. Como recordatorio, las cinco creencias son:

1. Siempre puedo mejorar a largo plazo
2. Si otros pueden, yo puedo
3. Si puedo hacerlo una vez, puedo hacerlo de nuevo
4. Otros se rendirán, por lo tanto, yo tendré éxito
5. El éxito es inevitable

C. Dividir tus objetivos y desarrollar la constancia

Completa los siguientes ejercicios:

- Volviendo al objetivo con el que has estado trabajando, divídelo en objetivos anuales, mensuales, semanales y diarios.
- Durante los próximos treinta días, márcate tres tareas diarias y asegúrate de completarlas.

Tu objetivo:

Ahora, divídelo.

Objetivos anuales:

-

-

-

Objetivos mensuales:

-

-

-

Objetivos semanales:

-

-

-

Objetivos diarios:

-

-

-

D. Condicionar tu mente

1) Utilizar afirmaciones

Crea tus propias afirmaciones siguiendo estos consejos:

- **Enuncia tu afirmación en presente.**
- **Evita utilizar palabras negativas** e intenta enunciar tus afirmaciones en positivo. Por ejemplo, di "Soy valiente" en lugar de "Ya no tengo miedo".
- **Intenta cambiar tu estado fisiológico.** Involucra a tu cuerpo cuando digas las afirmaciones y prueba diferentes tonos de voz. Esto añadirá fuerza a tu afirmación.
- **Utiliza el poder de la visualización.** Imagínate a ti mismo en situaciones concretas relacionadas con tu afirmación e intenta sentirte como si ya hubieras conseguido lo que deseas. Implicar tus emociones hará que tu afirmación sea mucho más poderosa.

Escribe aquí tus afirmaciones:

-

-

-

2) Cambiar tu discurso interno

Escribe unas pocas frases que puedes utilizar como discurso positivo interno para superar algunas de las creencias limitantes que mantienes respecto a tu objetivo.

Creencia limitante n.º 1:

Discurso positivo interno:

____

____

____

Creencia limitante n.º 2:

____

Discurso positivo interno:

____

____

____

Creencia limitante n.º 3:

____

Discurso positivo interno:

____

____

____

3) Practicar la visualización

Dedica unos pocos minutos cada mañana a visualizarte avanzando hacia tu objetivo y cumpliéndolo. Adicionalmente, piensa en tus objetivos durante el día.

E. Cultivar la autocompasión

Completa los siguientes ejercicios:

- Sigue un desafío de autocompasión de 7 días.
- Cada vez que notes que estás culpándote, cambia tu discurso interno. Di que lo estás haciendo bien. Date ánimos. Trátate con amabilidad.

3. Expandir tu abanico de posibilidades

A. Generar suerte

1) Rechaza creer en la suerte

Si no existiera la suerte, ¿qué harías para mejorar las probabilidades de alcanzar tu objetivo? Escribe todo lo que se te ocurra:

____

____

____

2) Piensa repetidamente en lo que quieres

Dedica algunos minutos a centrarte en lo que deseas cada día. Te recomiendo centrarte en tu objetivo dos veces al día (a primera hora de la mañana y antes de irte a dormir).

3) Comunica tus deseos al mundo

¿Qué podrías hacer para comunicar tus objetivos a las personas que tienen el potencial de ayudarte?

____

____

____

4) Realiza acciones coherentes y acordes a una estrategia claramente definida

Asegúrate de que realizas acciones coherentes que te hagan avanzar hacia tu objetivo. Estas acciones deberían ser las que has identificado en la sección 5. *Cómo crear un proceso efectivo, B. Implementar un proceso efectivo.*

5) Aprende todo lo que puedas de la retroalimentación que recibes de la realidad

Aprende de todas las dificultades a las que te enfrentes. Pregúntate: ¿qué tiene de bueno? ¿Qué puedo aprender de esta situación?

B. Plantearte preguntas positivas

Escribe la respuesta a las siguientes preguntas:

¿Cómo puedo lograr mi objetivo? ¿Qué puedo hacer para ayudarme a conseguirlo?

____

____

____

¿Y si pudiera lograr mi objetivo? ¿Y si fuera posible?

____

____

____

C. Realizar acciones consistentes

1) Los beneficios de pasar a la acción

Contesta las siguientes preguntas:

¿Qué tan bien está funcionando mi estrategia actual?

____

¿Realmente estoy realizando las acciones necesarias para alcanzar mi objetivo?

____

____

____

¿Qué implicaría para mí actuar de forma masiva?

____

____

____

2) Enfocarse en lo que funciona

Responde las siguientes cuestiones:

¿Qué me está proporcionando los mejores resultados?

____

____

____

¿Qué podría hacer para aumentar aún más este éxito?

____

____

____

D. Aprovechar el poder de la gratitud

Practica uno de los siguientes ejercicios durante al menos catorce días:

- Escribe cosas por las que te sientes agradecido.
- Agradece a las personas que han pasado por tu vida.
- Céntrate en un objeto y valora su existencia.
- Escucha canciones de gratitud / meditación guiada.

1. Siempre puedo mejorar a largo plazo
2. Si otros pueden, yo puedo
3. Si puedo hacerlo una vez, puedo repetirlo
4. Otros se rendirán, por lo que yo tendré éxito
5. El éxito es inevitable

Conclusion

Espero que este libro de ejercicios te haya sido de ayuda y que logres todos tus objetivos y sueños, o la mayoría de ellos, en los próximos años. Te deseo lo mejor en tus nuevos proyectos. Espero saber de ti en el futuro.

thibaut.meurisse@gmail.com

ANOTACIONES:

DOMINA TUS EMOCIONES (EXTRACTO)

 El espíritu vive en sí mismo, y en sí mismo puede crear
un cielo del Infierno, y un infierno del Cielo.

— JOHN MILTON, POETA.

Todos nosotros experimentamos un amplio abanico de emociones durante nuestras vidas. Tengo que admitir que yo mismo he experimentado altibajos mientras escribía este libro. Al principio estaba muy emocionado e ilusionado con la idea de proporcionar a la gente una guía para ayudarles a entender sus emociones. Imaginaba cómo mejorarían las vidas de los lectores al aprender a controlar sus emociones. Estaba muy motivado y no podía evitar pensar lo maravilloso que sería el libro.

O eso es lo que pensaba al principio.

Después de la ilusión inicial, llegó el momento de sentarse y ponerse a escribir el libro real, y en este punto es cuando desapareció rápidamente la emoción. Mi escritura me parecía aburrida, y me sentía como si no tuviera nada significativo o valioso que aportar.

Sentarme en mi escritorio y escribir era cada vez más difícil para mí con el paso de los días. Empecé a perder la confianza en mí mismo. ¿Quién era yo para escribir un libro sobre emociones si ni siquiera podía dominar mis propias emociones? ¡Qué ironía! Incluso consideré tirar la toalla. Ya existen un montón de libros sobre este tema, así que, ¿para qué añadir uno más?

Al mismo tiempo, me di cuenta de que este libro era una oportunidad perfecta para trabajar mis propias emociones. ¿Y quién no sufre emociones negativas de vez en cuando? Todos pasamos por altibajos emocionales, ¿no es cierto? La clave es qué *hacemos* con nuestros momentos bajos. ¿Estamos utilizando nuestras emociones para nuestro crecimiento personal? ¿Estamos aprendiendo algo de ellas? ¿O estamos atormentándonos a causa de ellas?

Hablemos ahora de *tus* emociones. Déjame empezar haciéndote esta pregunta:

¿Cómo te sientes ahora mismo?

Saber cómo te sientes es el primer paso para poder tomar el control de tus emociones. Puede que hayas pasado mucho tiempo internalizando la idea de que has perdido la conexión con tus propias emociones. Puede que hayas respondido algo así como: "Siento que este libro puede ser útil", o "De verdad siento que podría aprender algo de este libro". No obstante, ninguna de estas respuestas refleja cómo te sientes. Tú no 'sientes que', simplemente 'sientes'. No 'sientes que' este libro podría ser útil, sino que 'piensas' o 'crees' que este libro podría ser útil, y esto genera una emoción que te hace 'sentir' motivado para leerlo. Los sentimientos se manifiestan como sensaciones físicas en tu cuerpo, no como una idea en tu mente. Quizá, la razón por la que la palabra 'sentir' se usa en exceso o de forma inadecuada es porque no queremos hablar sobre nuestras emociones. Así que, ¿cómo te sientes ahora?

¿Por qué es importante hablar sobre las emociones?

Cómo te sientes determina la calidad de tu vida. Tus emociones pueden hacer que vivas una vida miserable o verdaderamente mágica. Esta es la razón por la que son uno de los aspectos de la vida más importantes en los que centrarse. Tus emociones dan color a todas tus experiencias. Cuando te encuentras bien, todo parece o sabe mejor. También tus pensamientos son mejores. Tu nivel de energía es más alto y las posibilidades parecen ilimitadas. Por el contrario, cuando te sientes deprimido, todo parece triste. Tienes poca energía y te sientes desmotivado. Te sientes estancado en un lugar en el que no quieres estar (tanto mental como físicamente), y el futuro parece oscuro.

Tus emociones también pueden actuar como una poderosa guía. Pueden decirte que algo está mal y permitirte realizar cambios en tu vida. Por ello, son una de las herramientas de crecimiento personal más poderosas que tienes a tu alcance.

Por desgracia, lo más probable es que ni tus profesores ni tus padres te hayan enseñado cómo funcionan tus emociones ni cómo controlarlas. Me parece irónico que hoy en día casi cualquier cosa venga con un manual de instrucciones, excepto tu mente. Porque, ¿nunca has recibido un manual de instrucciones que te enseñe cómo funciona tu mente y cómo controlar mejor tus emociones, no? Yo no lo he recibido. De hecho, dudo que haya existido un manual así, hasta ahora.

Qué aprenderás en este libro

Este libro es el manual de uso que deberían haberte dado tus padres al nacer. Es el manual de instrucciones que deberías haber recibido en el colegio. En él, compartiré contigo todo lo que necesitas saber sobre tus emociones para que puedas superar tus miedos y limitaciones y convertirte en la persona que realmente quieres ser.

Aprenderás qué son las emociones, cómo se forman y cómo puedes utilizarlas para tu crecimiento personal. También aprenderás a controlar las emociones negativas y a condicionar tu mente para crear emociones más positivas.

Mi esperanza y mi expectativa sinceras son que, cuando acabes de leer el libro, tengas una visión clara de lo que son las emociones y las herramientas que necesitas para empezar a dominar tus emociones.

De forma más específica, este libro te ayudará a:

- Entender lo que son las emociones y cómo afectan tu vida
- Identificar las emociones negativas que dominan tu vida y aprender a superarlas
- Cambiar tu historia para tomar el control de tu vida y construir un futuro mejor, y
- Reprogramar tu mente para experimentar emociones más positivas.

Aquí tienes un resumen más detallado de lo que aprenderás en este libro:

En la **Parte I**, hablaremos sobre qué son las emociones. Aprenderás por qué estás programado para centrarte en la negatividad y qué puedes hacer para contrarrestar este efecto. También descubrirás cómo tus creencias afectan tus emociones. Por último, aprenderás cómo funcionan las emociones negativas y por qué son tan complejas.

En la **Parte II**, repasaremos los elementos que afectan de forma directa tus emociones. Entenderás la importancia de tu cuerpo, tus pensamientos, tus palabras o tu sueño en tu vida y cómo puedes utilizarlos para cambiar tus emociones.

En la **Parte III**, aprenderás cómo se generan las emociones. También descubrirás cómo condicionar tu mente para experimentar emociones más positivas.

Por último, en la **Parte IV**, veremos cómo utilizar tus emociones como una herramienta de desarrollo personal. Aprenderás por qué experimentas emociones como el miedo o la depresión y cómo funcionan. A continuación, descubrirás cómo utilizarlas para tu crecimiento personal.

Empecemos.

I. Qué Son Las Emociones

¿Te has preguntado alguna vez qué son las emociones y para qué sirven?

En esta sección, trataremos el tema de cómo afecta a tus emociones tu mecanismo de supervivencia. A continuación, explicaremos qué es el 'ego' y qué influencia tiene sobre tus emociones. Por último, desvelaremos el mecanismo que se esconde tras las emociones y aprenderemos por qué puede ser tan difícil controlar las emociones negativas.

1. Cómo Afecta A Tus Emociones Tu Mecanismo De Supervivencia

Por qué tendemos hacia la negatividad

Tu cerebro está diseñado para la supervivencia, lo que explica por qué puedes leer este libro en este momento. Si lo piensas bien, las probabilidades de que nacieras eran extremadamente escasas. Para que ocurriera este milagro, todas las generaciones anteriores a ti tuvieron que sobrevivir lo suficiente para procrear. En su lucha por la supervivencia y la procreación, seguramente se enfrentaron a la muerte cientos o incluso miles de veces.

Por suerte, al contrario que tus ancestros, lo más probable es que tú no tengas que enfrentarte a la muerte cada día. De hecho, la vida nunca había sido tan segura como ahora (en muchas partes del mundo). Sin embargo, tu mecanismo de supervivencia no ha cambiado demasiado. Tu cerebro sigue escaneando tu entorno en busca de potenciales peligros.

En cierta manera, algunas partes de tu cerebro se han quedado obsoletas. Aunque ya no existe el peligro de que pueda comerte un depredador en cualquier momento, tu cerebro sigue dándole más importancia a los sucesos negativos que a los positivos.

Por ejemplo, el miedo al rechazo es un ejemplo de la tendencia hacia la negatividad. En el pasado, ser rechazado de tu tribu reducía significativamente tus probabilidades de supervivencia. En consecuencia, hemos aprendido a buscar cualquier señal de rechazo, y esto ha quedado arraigado en nuestro cerebro.

Actualmente, ser rechazado suele conllevar pocas o ninguna consecuencia sobre tu supervivencia a largo plazo. Puede que te odie todo el mundo y aun así sigas teniendo trabajo, una casa y comida de sobra en tu mesa, pero tu cerebro sigue estando programado para percibir el rechazo como una amenaza para tu supervivencia.

Esta es la razón por la que el rechazo puede ser tan doloroso. Aunque sabes que la mayoría de los rechazos no tienen mucha importancia, no puedes evitar sentir dolor emocional. Si haces caso a tu mente, puedes crear todo un drama por un rechazo. Puedes pensar que no mereces el amor y obsesionarte con el rechazo durante días o incluso semanas. Aun peor, puedes sumirte en la depresión a causa de ese rechazo.

De hecho, una sola crítica puede valer más que cientos de opiniones positivas. Este es el motivo por el que un autor con opiniones de 5 estrellas puede sentirse tan mal cuando recibe una opinión de 1 estrella. Aunque el autor entiende que la opinión de 1 estrella no supone ninguna amenaza para su supervivencia, su cerebro no lo percibe así. Más bien interpreta la opinión negativa como una amenaza a su ego, lo que desencadena una reacción emocional.

El miedo al rechazo también puede hacer que dramatices en exceso los sucesos negativos. Si tu jefe te critica en el trabajo, tu cerebro puede entenderlo como una amenaza y puedes pensar, "¿Y si me despiden? ¿Y si no puedo encontrar otro trabajo y mi mujer me abandona? ¿Qué pasará con mis hijos? ¿Y si no los puedo volver a ver?" Aunque eres afortunado por contar con un mecanismo de defensa tan efectivo, también es tu responsabilidad distinguir entre las amenazas reales y las imaginarias. Para superar esta tendencia hacia la negatividad, tienes que reprogramar tu mente. Una de las capacidades más poderosas del ser humano es nuestra habilidad para utilizar nuestros pensamientos para dar forma a nuestra realidad e interpretar los sucesos de una manera que nos empodere. Este libro te enseñará cómo hacerlo.

Por qué el objetivo de tu cerebro no es hacerte feliz

El objetivo principal de tu cerebro no es hacerte feliz, sino asegurar tu supervivencia. Por lo tanto, si quieres ser feliz, debes tomar el control de tus emociones en vez de suponer que serás feliz con ellas porque es tu estado natural. En la siguiente sección, veremos qué es la felicidad y cómo funciona.

Cómo puede impedir tu felicidad la dopamina

La dopamina es un neurotransmisor que, entre otras funciones, juega un papel esencial en recompensar ciertos comportamientos. Cuando se libera dopamina en áreas específicas de tu cerebro – los centros del placer – experimentas una sensación de euforia. Esto es lo que sucede cuando haces ejercicio, cuando haces apuestas, practicas sexo o disfrutas de una comida.

Una de las funciones de la dopamina es asegurarse de que buscas comida para no morirte de hambre, y de que buscas compañero/a para reproducirte. Sin la dopamina, muchas especies se habrían extinguido. ¿Está bastante bien, no?

Bueno, sí y no. En el mundo actual, este sistema de recompensa se ha quedado obsoleto en muchos casos. Mientras que en el pasado la dopamina estaba ligada a nuestro instinto de supervivencia, hoy en día se puede generar una liberación de dopamina de forma artificial. Un buen ejemplo de este efecto son las redes sociales, que utilizan la psicología para hacer que pases todo el tiempo posible en ellas. ¿Te has dado cuenta de todas esas notificaciones que te llegan constantemente? Su función es generar una liberación de dopamina para que permanezcas conectado, ya que cuanto más tiempo pases conectado a una red social, más dinero gana ésta. Ver pornografía o apostar también induce una liberación de dopamina, lo que puede hacer que estas actividades se vuelvan muy adictivas.

Por suerte, no estamos obligados a actuar cada vez que nuestro cerebro libera dopamina. Por ejemplo, no hace falta que revisemos constantemente nuestra sección de noticias de Facebook solo porque esto nos produce un placentero aumento de dopamina.

La sociedad actual nos vende una versión de la felicidad que en realidad nos puede hacer *in*felices. En gran medida, nos hemos vuelto adictos a la dopamina porque los vendedores han descubierto formas efectivas de explotar nuestros cerebros. Recibimos múltiples dosis de dopamina durante el día y nos encanta. Sin embargo, ¿equivalen realmente a la felicidad?

Peor aún, la dopamina puede crear verdaderas adicciones con consecuencias graves para nuestra salud. Un estudio llevado a cabo en la Universidad de Tulane demostró que, cuando se les permitía autoestimular sus centros de placer a voluntad, los participantes lo hacían un promedio de cuarenta veces por minuto. ¡Preferían estimular sus centros de placer que comer, incluso renunciando a la comida cuando estaban hambrientos!

El coreano Lee Seung Seop es un caso extremo de este síndrome. En 2005, Seop falleció tras jugar a un videojuego durante cincuenta y ocho horas seguidas sin apenas comer ni beber, y sin dormir. La investigación posterior concluyó que la causa de la muerte fue un fallo cardíaco debido al cansancio y la deshidratación. Seop tenía tan solo veintiocho años.

Para tomar el control de tus emociones, es esencial entender el papel que juega la dopamina y cómo afecta a tu felicidad. ¿Eres adicto al teléfono móvil? ¿Vives pegado a la televisión? O quizás pasas demasiado tiempo jugando a videojuegos. La mayoría de nosotros somos adictos a algo. Para muchas personas, la adicción resulta obvia, pero para otras, es más sutil. Por ejemplo, puede que seas adicto a pensar las cosas en exceso. Para controlar mejor tus emociones, es importante conocer tus adicciones, ya que pueden robarte tu felicidad.

El mito de "algún día lo haré"

¿Eres de los que piensan que algún día lograrán sus sueños y por fin serán felices? Es poco probable que esto suceda. Puede que logres cumplir tu sueño (eso espero), pero probablemente no vivirás 'siempre feliz después de conseguirlo'. Esta es solo otra de las ilusiones que crea tu mente.

Tu mente se aclimata rápidamente a nuevas situaciones, lo que probablemente es el resultado de la evolución y de nuestra necesidad de adaptarnos continuamente para sobrevivir y reproducirnos. Esta también es la razón por la que tu nuevo coche o tu nueva casa solo te harán feliz por un tiempo. Una vez que se acaba la emoción inicial, seguirás adelante para buscar tu nuevo objetivo. Este fenómeno se conoce como 'adaptación hedónica'.

Cómo funciona la adaptación hedónica

Déjame compartir contigo un interesante estudio que probablemente cambiará tu forma de entender la felicidad. Este estudio, que fue llevado a cabo en personas que habían ganado la lotería y en personas parapléjicas, fue revelador para mí. Esta investigación, realizada en 1978, evaluó cómo afectaba a la felicidad el hecho de ganar la lotería o de convertirse en parapléjico.

El estudio mostró que, un año después de cualquiera de los dos sucesos, ambos grupos eran igual de felices que antes de experimentarlo. Has leído bien, igual de felices (o de infelices). Puedes descubrir más sobre el estudio viendo el video *Ted Talk* de Dan Gilbert titulado *'The Susprising Science of Happiness'* ('La Sorprendente Ciencia de la Felicidad').

Puede que pienses que serás feliz 'cuando lo consigas'. Sin embargo, tal y como nos muestra el estudio anterior sobre la felicidad, esto no es cierto. No importa lo que te ocurra. Una vez que te adaptes al nuevo suceso, volverás a tu estado predeterminado de felicidad. Así es como funciona tu mente.

¿Significa esto entonces que no puedes ser más feliz de lo que eres ahora? No. Lo que quiere decir es que, a largo plazo, los eventos externos que te pueden suceder tienen muy poco impacto sobre tu nivel de felicidad.

De hecho, según Sonja Lyubomirsky, autora de *'The How of Happiness'* ('El Cómo de la Felicidad'), el cincuenta por ciento de nuestra felicidad está determinada por la genética; el cuarenta por ciento por factores internos; y solo el diez por ciento por factores externos. Estos factores externos incluyen si estamos solteros o casados, si somos ricos o pobres, y factores de influencia social similares.

Esto sugiere que solo el diez por ciento de tu felicidad depende de factores externos, lo que seguramente es mucho menos de lo que pensabas. En conclusión: Tu felicidad depende de tu actitud hacia la vida, no de lo que te ocurre.

Por ahora, hemos visto cómo tus mecanismos de supervivencia afectan negativamente a tus emociones y te impiden experimentar más alegría y felicidad en tu vida. En la siguiente sección aprenderemos más sobre el ego.

http://mybook.to/domina_tus_emociones

En español:

Domina Tus Emociones: Una Guía Práctica para Superar la Negatividad y Controlar Mejor tus Emociones

Domina Tu Motivación: Una guía práctica para desbloquearte, generar impulso positivo y mantener la motivación a largo plazo

Domina Tu Concentración: Una guía práctica para evitar las distracciones y centrarte en lo importante

En inglés:

Crush Your Limits: Break Free from Limitations and Achieve Your True Potential

Goal Setting: The Ultimate Guide to Achieving Life-Changing Goals

Habits That Stick: The Ultimate Guide to Building Habits That Stick Once and For All

Master Your Destiny: A Practical Guide to Rewrite Your Story and Become the Person You Want to Be

Master Your Emotions: A Practical Guide to Overcome Negativity and Better Manage Your Feelings

Master Your Focus: A Practical Guide to Stop Chasing the Next Thing and Focus on What Matters Until It's Done

Master Your Motivation: A Practical Guide to Unstick Yourself, Build Momentum and Sustain Long-Term Motivation

Master Your Success: Timeless Principles to Develop Inner Confidence and Create Authentic Success

Master Your Thinking: A Practical Guide to Align Yourself with Reality and Achieve Tangible Results in the Real World

Productivity Beast: An Unconventional Guide to Getting Things Done

The Greatness Manifesto: Overcome Your Fear and Go After What You Really Want

The One Goal: Master the Art of Goal Setting, Win Your Inner Battles, and Achieve Exceptional Results

The Passion Manifesto: Escape the Rat Race, Uncover Your Passion and Design a Career and Life You Love

The Thriving Introvert: Embrace the Gift of Introversion and Live the Life You Were Meant to Live

The Ultimate Goal Setting Planner: Become an Unstoppable Goal Achiever in 90 Days or Less

Upgrade Yourself: Simple Strategies to Transform Your Mindset, Improve Your Habits and Change Your Life

Success is Inevitable: 17 Laws to Unlock Your Hidden Potential, Skyrocket Your Confidence and Get What You Want From Life

Wake Up Call: How To Take Control Of Your Morning And Transform Your Life